Für die Oma von Leonie, Georg und Paul   *AH*

Für Jann   *JT*

Ein verlagsneues Buch kostet in ganz Deutschland und Österreich jeweils dasselbe. Das liegt an der gesetzlichen Buchpreisbindung, die dafür sorgt, dass die kulturelle Vielfalt erhalten und für die Leser bezahlbar bleibt. Also: Egal ob im Internet, in der Großbuchhandlung, beim lokalen Buchhändler, im Dorf oder in der Stadt – überall bekommen Sie Ihre verlagsneuen Bücher zum selben Preis.

ANDREA HENSGEN, geboren 1959, hat Germanistik, Politologie und Soziologie studiert und als Dozentin für Literaturwissenschaft gearbeitet. Seit 1994 ist sie freie Schriftstellerin. Andrea Hensgen lebt in Freiburg.

JOËLLE TOURLONIAS, geboren 1985, hat Visuelle Kommunikation mit Schwerpunkt Illustration und Malerei an der Bauhaus Universität Weimar studiert. Sie zeichnet, malt und lebt am Rande des Vogelsbergs.

3. Auflage 2019
© 2011 Verlagshaus Jacoby & Stuart, Berlin
Alle Rechte vorbehalten
Satz: typocepta, Köln
Gesetzt aus der PMN Caecilia
Druck und Bindung: Livonia Print
Printed in Latvia
ISBN 978-3-941787-24-7
www.jacobystuart.de

BESUCH BEI OMA

TEXT VON ANDREA HENSGEN

BILDER VON JOËLLE TOURLONIAS

VERLAGSHAUS JACOBY 🏠 STUART

„Na, da bist du ja wieder. Wie war's bei Oma?"

„Gut."

„Was habt ihr denn Schönes gemacht?"

„Zuerst gab's Streuselkuchen. Den haben wir gleich gegessen, noch ganz warm."

„Und dann?"

„Dann waren wir auf dem Jahrmarkt."

„Oma hat dir doch sicher eine Runde Karussell spendiert."

„Ja. Ich bin nur einmal mit dem Feuerwehrauto gefahren."

„Und danach gab es bestimmt Eis?"

„Klar."

„Eine Kugel?"

„Zwei. Waldmeister und Banane."

„Früher hat Oma beim Losverkäufer immer jedem von uns zwei Lose gekauft.“

„Ich durfte auch zwei Lose ziehen.“

„Und – hast du was gewonnen?“

„Nö.“

„Wann bist du denn ins Bett gegangen?"

„Wie immer."

„Hat Oma dir noch eine Geschichte vorgelesen?"

„Ja, wie Robin Hood dem Sheriff entwischt ist."

„Hattest du Angst in der Nacht, weil die alten Holzdielen so knarren?"

„Nö. Da habe ich mich dran gewöhnt."

„Du hast also gut geschlafen."

„Na klar."

„Gab's zum Frühstück wieder frische Erdbeeren aus dem Garten?"

„Ja. Wir haben eine ganze Schale gepflückt."

„Hast du denn beim Pflücken geholfen?"

„Natürlich!"

„Und was habt ihr heute Morgen gemacht?"

„Ich habe eine Räuberhöhle gebaut."

„Hat Oma denn mitgespielt?"

„Ja. Sie hatte ihr Portemonnaie in der Tasche, und ich hab sie ausgeraubt."

„Du hast doch hoffentlich nachher wieder alles aufgeräumt."

„Na klar."

„Oder hat Oma allein aufgeräumt?"

„Nö."

„Dann war es wohl wieder schön bei Oma!“

„Ja. Sie hat mir auch den Rest Streuselkuchen mitgegeben.“

„Nachher gefällt es dir bei Oma noch besser als zu Hause.“

„Nö. Hier ist es auch ganz nett.“

„Iiiiih! Spinnen!"

„Hallo, hier ist Oma. Matze, bist du gut nach Hause gekommen?“

„Klar, Oma!“

„Ist Mama denn froh, dass du wieder da bist?“

„Logisch. Mama freut sich doch immer, wenn ich da bin.“